48 Repas pour Déjeuners de Culturistes Riches en Protéines

48 Repas pour Déjeuners de Culturistes Riches en Protéines

48 Repas pour Déjeuners de Culturistes Riches en Protéines:

Augmenter la masse musculaire rapidement sans pilules ou barres de protéines

Par

Joseph Correa

Nutritionniste Certifié des Sportifs

DROITS D'AUTEUR

© 2015 Correa Media Group

Tous droits réservés

La reproduction ou la traduction de toute partie de ce travail au-delà de ce qui est permis par l'article 107 ou 108 de la Loi de 1976 sur les droits d'auteur aux États-Unis 1976, sans l'autorisation préalable du propriétaire des droits d'auteur, est illégale.

Cette publication est conçue pour fournir des informations exactes et faisant autorité en ce qui concerne le sujet traité. Cette publication est vendue avec la condition implicite que ni l'auteur ni l'éditeur n'ont la capacité de prodiguer des conseils médicaux. Si des conseils ou une assistance médicale se déclarent nécessaires, vous êtes priés de consulter un médecin. Ce livre est considéré comme un guide et ne doit être utilisé en aucune façon nuisible à votre santé. Consultez un médecin avant de commencer ce plan nutritionnel pour vous assurer qu'il vous sera bénéfique.

REMERCIEMENTS

La réalisation et le succès de ce livre n'auraient pu être possibles sans le soutien et l'aide précieuse de ma famille.

48 Repas pour Déjeuners de Culturistes Riches en Protéines:

Augmenter la masse musculaire rapidement sans pilules ou barres de protéines

Par

Joseph Correa

Nutritionniste Certifié des Sportifs

SOMMAIRE

Droits d'Auteur

Remerciements

À Propos de l'Auteur

Introduction

48 Repas pour Déjeuners de Culturistes Riches en Protéines: Augmenter la masse musculaire rapidement sans pilules ou barres de protéines

Autres Grands Titres de cet Auteur

À PROPOS DE L'AUTEUR

En tant que nutritionniste certifié des sportifs et athlète professionnel, je crois fermement qu'une bonne nutrition vous aidera à atteindre vos objectifs plus rapidement et plus efficacement. Mes connaissances et mon expérience m'ont permis de vivre en meilleure santé tout au long des années et je l'ai partagé avec ma famille et mes amis. Plus vous en savez à propos de boire et vous nourrir plus sainement, et le plus tôt vous aurez envie de changer votre vie et vos habitudes alimentaires.

Réussir à contrôler votre poids est très important, car cela vous permettra d'améliorer tous les aspects de votre vie.

La nutrition est un élément clé dans le processus de se mettre en meilleure forme et c'est là tout le sujet de ce livre.

INTRODUCTION

48 Repas pour Déjeuners de Culturistes Riches en Protéines: Augmenter la masse musculaire rapidement sans pilules ou barres de protéines

Ce livre va vous aider à augmenter l'apport de protéines que vous consommez par jour pour vous aider à augmenter votre masse musculaire. Ces repas vous aideront à augmenter vos muscles d'une manière organisée en ajoutant une grande quantité de protéines saines à votre régime. Être trop occupé pour manger correctement peut devenir parfois un problème, c'est pourquoi ce livre va vous faire gagner du temps et vous aidera à nourrir votre corps pour atteindre les buts que vous recherchez. Assurez-vous que vous savez ce que vous mangez en préparant les repas vous-mêmes ou en les faisant préparer par quelqu'un pour vous.

Ce livre vous aidera à :

-Augmenter vos muscles rapidement et naturellement.

-Améliorer la récupération musculaire.

-Avoir plus d'énergie.

-Accélérer naturellement votre métabolisme pour construire plus de muscles.

-Améliorer votre système digestif.

Joseph Correa est un nutritionniste certifié des sportifs et un athlète professionnel.

48 REPAS POUR DEJEUNERS DE CULTURISTES RICHES EN PROTEINES

1. Rouleaux de Poulet

Ingrédients:

1 livre de poitrine de poulet, désossée et sans peau

2 tasses de bouillon de poulet

1 tasse de Yaourt Grec

1 tasse de persil frais haché

½ petite cuillère de sel de mer

¼ petite cuillère de poivre moulu

4 tasses de laitue hachée

1 tasse de tomates en cubes

½ tasse d'oignon tranché

1 paquet de tortillas (pauvre en glucides, au blé complet)

Préparation:

Mettez le bouillon de poulet et la chair du poulet dans une casserole sur feu moyen. Couvrez la casserole et laissez bouillir. Continuer à faire cuire pendant encore 10 à 15 minutes sur feu moyen-bas. Enlevez du feu et égouttez. Laissez reposer un moment. Découpez la viande en morceaux de la taille d'une bouchée.

Pendant ce temps, mélangez dans un grand bol, le Yaourt Grec, la viande de poulet, le persil, le sel et le poivre. Mélangez doucement jusqu'à ce que le poulet soit bien enrobé. Répandre ce mélange sur les tortillas et étalez la laitue, les tomates et les oignons dessus. Roulez et servez.

Valeurs Nutritives pour une tortilla:

Glucides 14.5 g

Sucre 2.5g

Protéines 21.5 g

Total Lipides5g

Sodium 568.2 mg

Potassium 83.2mg

Calcium 31mg

Fer 9mg

Vitamines (vitamine A; B-6; B-12; C; D; D2; D3; K; Riboflavine; Niacine; Thiamine; K)

Calories 167

2. Pâtes à l'Italienne

Ingrédients:

1 tasse de pâtes de blé complet

2 tasses de crevettes

1 tasse de poivron rouge découpé

1 grande cuillère de fromage Parmesan

4 grandes cuillères de Yaourt Grec

Préparation:

Faites cuire les pâtes selon les instructions du paquet. Bien égoutter et laissez reposer.

Pendant ce temps, mélangez les poivrons rouges, le Parmesan et le Yaourt Grec dans une casserole. Faites fondre sur un feu moyen et ajouter les crevettes. Faites sauter pendant 5 minutes.

Versez la sauce aux crevettes sur les pâtes et servez chaud.

Valeurs nutritives pour 100g:

Glucides 22g

Sucre 7g

Protéines 23.2 g

Total Lipides 6.3g

Sodium 531.5 mg

Potassium 112.1mg

Calcium 28mg

Fer 8.2mg

Vitamines (vitamine A; B-6; B-12; C; D; D2; D3; K; Riboflavine; Niacine; Thiamine; K)

Calories 212

3. Burgers au coriandre et ail recouverts de Parmesan

Ingrédients:

2 boîtes de lentilles, égouttées

3 gousses d'ail émincées

½ tasse de chapelure

¼ tasse de fromage de Parmesan (fraîchement râpé c'est mieux, sinon prenez ce que vous avez)

1 œuf battu

2 tasses d'eau

½ tasse de farine

Sel et poivre à votre goût

Préparation:

Dans un bol de taille moyenne, écrasez les lentilles avec une fourchette puis mélangez avec l'ail, la chapelure et le fromage.

Formez des petits pâtés de burgers ; mettre de côté. Battre l'œuf et l'eau dans un bol ; la farine, le sel & le poivre dans un autre bol. Enrobez chaque pâté de burger avec le mélange de farine, trempez dans l'œuf battu, puis enrobez de nouveau avec la farine. Dans une grande poêle sur feu moyen-fort, faites chauffer de l'huile. Faites frire les burgers jusqu'à ce qu'ils soient légèrement brunis, environ 2 à 3 minutes de chaque côté.

Servez sur un pain chaud ou une pita chaude avec de la coriandre, du Yaourt, de l'oignon, des tomates et ce qui vous fait envie – mais ceci est optionnel !

Valeurs nutritives pour 100g:

Glucides 16.1g

Sucre 4.5g

Protéines 19.8g

Total Lipides6.7g

Sodium 511mg

Potassium 96.1mg

Calcium 27mg

Fer 8.9mg

Vitamines (vitamine A; B-6; B-12; C; D; D2; D3; K; Riboflavine; Niacine; Thiamine; K)

Calories 195

4. Patate et fromage

Ingrédients:

3 patates moyennes

½ tasse de fromage blanc

¼ tasse de fromage Cheddar

¼ tasse purée de tomate

¼ tasse de persil haché

Directions

Préchauffez le four à 350 degrés. Lavez et épluchez les patates. Coupez chaque patate en 2 tranches et mettez au four pendant 30 minutes. Sortez du four.

Mélangez le fromage blanc et le fromage Cheddar dans un bol et tartinez sur les tranches de patates. Laissez fondre légèrement. Recouvrez avec la purée de tomates et le persil haché. Servez immédiatement.

Valeurs nutritives pour 100g:

Glucides 21.8g

Sucre 9.3g

Protéines 21g

Total Lipides 7g

Sodium 312 mg

Potassium 61mg

Calcium 19.7mg

Fer 5mg

Vitamines (vitamine A; B-6; B-12; C; D; D2; D3; K; Riboflavine; Niacine; Thiamine; K)

Calories 154

5. Lentilles au Curry

Ingrédients:

1 tasse de lentilles

1 tasse de crème faible en gras

4 tasses d'eau

¼ petite cuillère de sel

½ petite cuillère de coriandre en poudre

½ petite cuillère de piment de Cayenne

¼ petite cuillère de curcuma en poudre

1 petite cuillère de cumin moulu

1 oignon petit ou moyen (haché)

2 grandes cuillères de beurre

1 grande cuillère de persil chinois (pour la garniture)

Préparation:

Faites tremper les lentilles dans de l'eau fraîche pendant 1 heure ou toute la nuit, ceci rendra la cuisson plus facile et prendra moins de temps (mais c'est optionnel). Avant de cuisiner, rincez les lentilles et égouttez bien l'excès d'eau.

Versez de l'eau dans une grande casserole et faites bouillir, puis baissez le feu à moyen-bas. Versez les lentilles dans l'eau chaude versez les lentilles, l'ail, le sel, la coriandre, le piment et le curcuma en poudre. Couvrez et faites cuire jusqu'à ce que les lentilles soient tendres. Cela peut prendre de 30 minutes à 1 heure. Vous pouvez ajouter de l'eau si nécessaire.

Quand les lentilles sont tendres et bien cuites, faites fondre le beurre dans une casserole sur feu moyen-bas. Mélangez-y les oignons jusqu'à ce qu'ils soient brunis, puis ajoutez le cumin et faites frire 1 minute à feu bas. Remuez constamment.

Versez les oignons et le beurre dans les lentilles ; cuisinez pendant 5 à 8 minutes de plus. Ajoutez la crème faible en gras et laissez la fondre.

Garnir avec du persil haché et servir.

Valeurs nutritives pour 100g:

Glucides 18.1g

Sucre 6.1g

Protéines 17.5g

Total Lipides3g

Sodium 112mg

Potassium 43.3mg

Calcium 19mg

Fer 6mg

Vitamines (vitamine A; B-6; B-12; C; D; D2; D3; K; Riboflavine; Niacine; Thiamine; K)

Calories 97

6. Surprise du poulet d'hiver

Ingrédients:

1 livre de poulet désossé découpé

1 2/3 tasse de bouillon de poulet

2/4 tasse d'oignon haché

½ tasse de riz brun

½ tasse de fromage blanc

3 grandes cuillères de Yaourt Grec

¼ petite cuillère de sel

½ petite cuillère de basilic

¼ petite cuillère d'origan

¼ petite cuillère de thym écrasé

1/8 petite cuillère d'ail en poudre

1/8 petite cuillère de poivre

½ tasse de fromage râpé

Préparation:

Mélangez le poulet et les oignons dans une poêle et faites cuire sur feu moyen à fort jusqu'à ce que le poulet soit cuit. Ceci peut prendre à peu près entre 20 et 30 minutes.

Mettez le poulet et les oignons dans un grand bol et ajoutez-y le bouillon de poulet, le riz brun cru, le basilic, le sel, l'origan, le thym, l'ail en poudre, le poivre et le fromage blanc. Mélangez jusqu'à ce le tout soit bien homogène.

Mettez le mélange dans une casserole 1½ quart avec un couvercle bien hermétique.

Préchauffez le four à 250 degrés. Mettez la casserole couverte au four pendant environ 30 minutes, jusqu'à ce que le riz soit cuit, en remuant plusieurs fois pendant la cuisson.

Enlevez le couvercle et recouvrez avec le Yaourt Grec.

Mettez au four sans couvrir pendant 5 minutes de plus jusqu'à ce que le Yaourt soit entièrement fondu. Garnissez avec le persil avant de servir.

Valeurs nutritives pour 100g:

Glucides 16.1g

Sucre 2.5g

Protéines 23.5 g

Total Lipides 5g

Sodium 567.1 mg

Potassium 84.2mg

Calcium 33mg

Fer 9.4mg

Vitamines (vitamine A; B-6; B-12; C; D; D2; D3; K; Riboflavine; Niacine; Thiamine; K)

Calories 198

7. Champignons en tranches

Ingrédients:

1 patate douce

1 tasse de champignons de Paris frais

1 tasse de fromage blanc

3 blancs d'œufs

¾ tasse de graines de Chia

¾ de tasse de riz long grain

¾ de tasse de chapelure

1 petite cuillère d'estragon

1 petite cuillère de persil

1 petite cuillère d'ail en poudre

1 tasse d'épinards coupés

Préparation:

Versez 1 tasse d'eau dans une petite casserole. Porter à ébullition et faites-y cuire le riz jusqu'à ce qu'il soit légèrement collant. Ceci devrait prendre environ 10 minutes. Dans le même temps, faites cuire les graines de

Chia dans une casserole à part, jusqu'à ce que ce soit tendre. Coupez finement les champignons. Lavez bien les épinards. Mélangez tous les ingrédients dans un grand bol. Mettez le bol dans le réfrigérateur pour rafraîchir pendant 15 à 30 minutes. Sortez le mélange du réfrigérateur et formez des galettes. Assurez-vous que la poêle est bien propre et graissée pour empêcher les galettes de coller. Faites frire chaque galette à feu moyen environ 5 minutes de chaque côté.

Valeurs nutritives pour 100g:

Glucides 19g

Sucre 7.5g

Protéines 22g

Total Lipides 5.8g

Sodium 532 mg

Potassium 83mg

Calcium 31.3mg

Fer 7mg

Vitamines (vitamine A; B-6; B-12; C; D; D2; D3; K; Riboflavine; Niacine; Thiamine; K)

Calories 186

8. Graines de Chia – Mode Indienne

Ingrédients:

1 tasse de graines de Chia

1 tasse de crème faible en gras

2 gousses d'ail hachées

1 petite cuillère de gingembre moulu

¼ petite cuillère de sel

2 petits piments

1 petit oignon haché

Préparation:

Portez 3 tasses d'eau à ébullition. Mettez-y les graines de Chia et faites cuire pendant 30 minutes à basse température. Quand c'est devenu tendre, ajoutez les épices et mélangez bien. Faites cuire environ 5 à 10 minutes à basse température, en remuant fréquemment. Recouvrez avec la crème faible en gras.

Valeurs nutritives pour 100g:

Glucides 12.1g

Sucre 4.5g

Protéines 15 g

Total Lipides 4g

Sodium 263.mg

Potassium 81 mg

Calcium 11mg

Fer 3mg

Vitamines (vitamine A; B-6; B-12; C; D; D2; D3; K; Riboflavine; Niacine; Thiamine; K)

Calories 111

9. Tranches de Poulet

Ingrédients:

1 tasse de filets de poulet découpés

3 grandes cuillères d'huile d'olive

2 grandes cuillères de gingembre, fraîchement hachés

2 gousses d'ail émincées

5 échalotes coupées en dés

1 grande cuillère de curry en poudre

4 carottes découpées

4 tasses de bouillon de poulet

Sel à votre goût

Poivre moulu à votre goût

Citron vert (lime)

Préparation:

Dans une poêle, chauffez l'huile à chaleur moyenne. Ajoutez-y l'ail, les échalotes, et le gingembre et faites sauter jusqu'à ce que ce soit attendri. Ajoutez-y les ingrédients restants, mélangez et portez à ébullition.

Réduisez à feu bas, couvrez et laissez mitonner environ 20 minutes jusqu'à ce que la viande soit attendrie. Versez dans des bols et servez.

Valeurs nutritives pour 100g:

Glucides 13g

Sucre 5.5g

Protéines 19.3 g

Total Lipides4g

Sodium 363.2 mg

Potassium 82.1mg

Calcium 21mg

Fer 4.3mg

Vitamines (vitamine A; B-6; B-12; C; D; D2; D3; K; Riboflavine; Niacine; Thiamine; K)

Calories 134

10. Burgers de Lentilles

Ingrédients:

1 gousse d'ail, épluchée

½ petite cuillère de sel

1 tasse de noix broyées

¼ petite cuillère de poivre noir finement moulu

2 tasses de lentilles rincées

2 petites cuillères d'huile de canola

2 morceaux de pain de blé coupés en morceaux grands de la taille de bouchées

4 buns de burger de blé

1 tasse de laitue découpée, oignon rouge et tomates

Préparation:

Hachez la gousse d'ail aussi finement que possible. Ajoutez les autres épices (sel et poivre) à la purée d'ail et mélangez bien. Ensuite, mettez les noix dans un robot de cuisine et hachez les bien avant de les ajouter à la purée d'ail. Ajoutez les morceaux de pain puis enfin, les lentilles. Mélangez bien, soit à la main, soit dans un robot de cuisine (je recommande le robot) jusqu'à ce que tous les ingrédients forment une masse. Avec ce mélange, faites 4 burgers. Vous êtes maintenant prêt à faire cuire ces beautés ! Chauffez l'huile dans une poêle à chaleur moyenne. Mettez-y les burgers jusqu'à ce que chacun soit joliment bruni de chaque côté. Ceci ne devrait pas prendre plus de 6 minutes. Mettez les burgers sur un bun, couvrez le et vous avez un repas protéiné délicieux et sain!

Valeurs nutritives pour 100g:

Glucides 25g

Sucre 13.2g

Protéines 26.3 g

Total Lipides11g

Sodium 575 mg

Potassium 92mg

Calcium 28mg

Fer 9.7mg

Vitamines (vitamine A; B-6; B-12; C; D; D2; D3; K; Riboflavine; Niacine; Thiamine; K)

Calories 194

11. Soupe de Pois chiches & de Chili

Ingrédients:

2 petites cuillères de graines de cumin

½ tasse d'écailles de chili

½ tasse de lentilles

1 grande cuillère d'huile d'olive

1 oignon rouge haché

3 tasses de bouillon de légumes

1 tasse de tomates en boîte, entières ou coupées

½ tasse de pois chiches

Un petit bouquet de coriandre grossièrement découpé

4 grandes cuillères de Yaourt Grec, pour servir

Préparation:

Chauffez une grande casserole et cuisez à sec les graines de cumin et les écailles de Chili pendant 1 minute ou jusqu'à ce que ça saute dans la casserole et qu'ils délivrent leurs arômes. Ajoutez-y l'huile et l'oignon et faites cuire 5 minutes. Ajoutez les lentilles, le bouillon et les tomates en remuant, puis amener à ébullition. Laissez mijoter 15 minutes jusqu'à ce que les lentilles soient tendres.

Mixez la soupe avec un mélangeur à main ou un robot de cuisine jusqu'à obtenir une purée grossière, remettez dans la casserole et ajoutez les pois chiches. Chauffez doucement, assaisonnez bien et mélangez-y la coriandre. Finissez avec une bonne dose de Yaourt et des feuilles de coriandre.

Valeurs nutritives pour 100g:

Glucides 18g

Sucre 9.8g

Protéines 21g

Total Lipides 7g

Sodium 529mg

Potassium 63.1mg

Calcium 21mg

Fer 8.9mg

Vitamines (vitamine A; B-6; B-12; C; D; D2; D3; K; Riboflavine; Niacine; Thiamine; K)

Calories 120

12. Paella au Quinoa & Crevettes

Ingrédients:

1 livre de crevettes congelées, nettoyées

1 tasse de Quinoa sec

2 tasses de bouillon de poulet

1 oignon moyen coupé en dés

2 gousses d'ail émincées

1 grande cuillère d'huile d'olive

1 feuille de laurier

½ petite cuillère de piment rouge moulu

½ petite cuillère de poivre vert moulu

½ petite cuillère de poivre noir moulu

¼ petite cuillère de sel de mer

½ tasse de tomates sèches hachées

1 tasse de petits pois verts

1 petite cuillère d'assaisonnement de fruits de mer organiques

Préparation:

Préparez le quinoa selon les instructions du paquet. Pendant ce temps, lavez et égouttez les crevettes. Aspergez-les avec une pincée de sel et laissez-les dans le réfrigérateur.

Dans une grande casserole, faites chauffer l'huile à feu moyen. Ajoutez-y les oignons et mélangez bien. Faites frire environ 5 minutes. Ajoutez l'ail et faites sauter pendant 1 minute. Maintenant ajoutez le Quinoa, le bouillon de poulet et les épices. Couvrez et amenez à ébullition. Réduisez le feu et continuez à cuisiner pendant encore 10 à 15 minutes. Il ne faut plus qu'il reste de liquide.

Enlevez du feu et ajoutez-y les tomates séchées, les petits pois et les crevettes. Couvrez et laissez reposer pendant 5 minutes avant de servir.

Valeurs nutritives pour 1 tasse:

Glucides 31g

Sucre 3.8g

Protéines 27g

Total Lipides 6g

Sodium 412mg

Potassium 623mg

Calcium 171.7mg

Fer 0.83mg

Vitamines (vitamine C acide ascorbique total; B-6; B-12; Folate-DFE; A-RAE; A-IU; E-alpha-tocophérol; D; D-D2+D3; Thiamine; Niacine)

Calories 283

13. Graines de Chia à l'Anglaise

Ingrédients:

2 tasses de graines de Chia

2 grandes cuillères de Worcestershire Sauce

1 petite cuillère vinaigre de Malt

2 petites cuillères de sel

2 tasses d'eau

Préparation:

Il est préférable de faire tremper les graines pendant 8 à 12 heures, mais si vous ne pouvez pas, alors faites les cuire dans de l'eau pendant 35 à 45 minutes jusqu'à ce qu'elles commencent à s'attendrir.

Quand les graines de Chia commencent à s'attendrir, ajoutez les autres ingrédients. Faites cuire jusqu'à ce que les graines soient assez tendres pour qu'elles s'écrasent sous une grande cuillère.

Assurez-vous qu'il reste un peu d'eau dans la mixture jusqu'à la fin de la cuisson. C'est mieux d'ajouter une demi-tasse d'eau de temps en temps et de mélanger fréquemment.

Valeurs nutritives pour 100g:

Glucides 12g

Sucre 2 g

Protéines 11g

Total Lipides 3.4g

Sodium 166.9 mg

Potassium 73.1mg

Calcium 21mg

Fer 5.1mg

Vitamines (vitamine A; B-6; B-12; C; D; D2; D3; K; Riboflavine; Niacine; Thiamine; K)

Calories 146

14. Barbecue de petits pois

Ingrédients:

2 tasses de petits pois en boîte, lavés et rincés

5 tasses d'eau

½ tasse de Yaourt non gras

½ tasse de Yaourt Grec

2 grandes cuillères de sucre brun

1 grande cuillère de vinaigre

1 petite cuillère de moutarde

1 petite cuillère de Worcestershire sauce

2 petites cuillères de sauce tomate

1 petit oignon haché

Préparation:

Préchauffez votre four à 350 degrés. Versez les petits pois dans de l'eau et faites bouillir. Laissez bouillir pendant 30 minutes ou jusqu'à ce qu'ils soient tendres. Assurez-vous qu'ils restent entiers. Ajoutez tous les ingrédients aux petits pois bouillis et tendres, et mélangez la mixture pour qu'elle soit bien homogène. Versez les petits pois dans un plat allant au four et mettez au four pendant 45 minutes. Recouvrez avec le Yaourt Grec.

Valeurs nutritives pour 100g:

Glucides 22.3g

Sucre 6.1g

Protéines 23.1 g

Total Lipides6g

Sodium 428.1 mg

Potassium 73.2mg

Calcium 33mg

Fer 5mg

Vitamines (vitamine A; B-6; B-12; C; D; D2; D3; K; Riboflavine; Niacine; Thiamine; K)

Calories 167.5

15. Pâtes au blé Sarrazin (blé noir) avec de la Mozzarella

Ingrédients:

1 petit paquet de pâtes Sarrazin (blé noir)

½ tasse de graines de Chia en poudre

1 petite boîte de sauce tomate sans sucre

1 petite Mozzarella

1 petite cuillère de romarin

Huile d'olive

Sel

Préparation:

Préparez les pâtes selon les instructions du paquet. Lavez-les et égouttez-les. Découpez la Mozzarella en petits morceaux et mélangez à la sauce tomate. Ajoutez la poudre de graines de Chia à cette mixture. Faites cuire environ 10 minutes, en remuant fréquemment. Ajoutez le romarin, l'huile d'olive et le sel. Faites cuire encore pendant 4 à 5 minutes de plus et versez sur les pâtes.

Valeurs nutritives pour 100g:

Glucides 20.1g

Sucre 8.5g

Protéines 21.3 g

Total Lipides 7g

Sodium 268mg

Potassium 73.3mg

Calcium 22mg

Fer 5mg

Vitamines (vitamine A; B-6; B-12; C; D; D2; D3; K; Riboflavine; Niacine; Thiamine; K)

Calories 160

16. Dinde aux légumes

Ingrédients:

1 livre de dinde, désossée et sans peau

1 bouquet d'épinards

1 tasse de brocoli découpé

¼ petite cuillère de sel de mer

¼ petite cuillère de piment rouge

Préparation:

Lavez et découpez la dinde en morceaux de la taille d'une bouchée. Mettez-les dans une grande casserole et ajoutez de l'eau jusqu'à couvrir la viande. Amener à ébullition à haute température. Cuisinez jusqu'à ce que la viande soit attendrie. Réduisez le feu, ajoutez les épinards et le brocoli. Mélangez bien et cuisinez encore pendant 15 minutes de plus, à très petit feu. Ajoutez les épices et servez chaud.

Valeurs nutritives pour 100g:

Glucides 10g

Sucre 2.4g

Protéines 17.5 g

Total Lipides 4.8g

Sodium 161.4 mg

Potassium 31.5mg

Calcium 11mg

Fer 5.9mg

Vitamines (vitamine A; B-6; B-12; C; D; D2; D3; K; Riboflavine; Niacine; Thiamine; K)

Calories 112

17. Ravioli aux épinards

Ingrédients:

3 tasses de farine de blé complet

2 tasses d'eau

3 œufs

3 blancs d'œufs

6 grandes cuillères d'huile d'olive

2 tasses d'épinards coupés

1 tasse de fromage blanc

1 tasse de Yaourt faible en gras

¼ petite cuillère de sel

¼ petite cuillère de poivre

Préparation:

Dans un grand bol, mélangez la farine, l'eau, les œufs, les blancs d'œufs, l'huile d'olive et une pincée de sel. Vous devez obtenir une pâte onctueuse. Couvrez et laissez reposer dans un endroit tiède environ 30 minutes.

Faites bouillir rapidement les épinards dans de l'eau salée, égouttez et découpez. Mélangez avec le fromage blanc, le Yaourt, le sel et le poivre.

Déroulez la pâte finement, découpez des ronds en utilisant un moule et mettez une cuillère de farce dans chaque hémisphère. Recollez la seconde partie de la pâte et pressez sur les bords avec une fourchette de manière à coller les bords pour que la farce ne tombe pas.

Cuisinez les raviolis dans de l'eau bouillante dans laquelle vous aurez ajouté un peu de sel et de l'huile d'olive. Cela devrait prendre 15 minutes. Retirez de la casserole égouttez et servez.

Valeurs nutritives pour 100g:

Glucides 21.7g

Sucre 9.5g

Protéines 28 g

Total Lipides5g

Sodium 571.3 mg

Potassium 92.3mg

Calcium 40mg

Fer 9.8mg

Vitamines (vitamine A; B-6; B-12; C; D; D2; D3; K; Riboflavine; Niacine; Thiamine; K)

Calories 181

18. Steak de veau grillé avec des légumes frais

Ingrédients:

1 steak de veau épais

1 carotte moyenne

1 bouquet de laitue

1 petite tomate

1 petit oignon

2 petites cuillères de Yaourt Grec

1 tasse de crème faible en gras

2 cornichons

¼ petite cuillère de sel

1/8 petite cuillère de poivre

2 grandes cuillères d'huile olive

Préparation:

Lavez le steak et séchez-le partiellement avec du papier de cuisine. Découpez en morceaux de la taille de bouchées et mettez de côté. Réchauffez l'huile d'olive à température moyenne et faites frire la viande environ 15 minutes, en remuant fréquemment. Enlevez du feu et laissez reposer.

Lavez et coupez les légumes en petits morceaux. Mélangez avec le Yaourt Grec et la crème faible en gras. Assaisonnez avec le sel et le poivre et mettez-y la viande.

Servez froid.

Valeurs nutritives pour 100g:

Glucides 22.3g

Sucre 6.2g

Protéines 23 g

Total Lipides 7g

Sodium 382.6 mg

Potassium 52mg

Calcium 21mg

Fer 5mg

Vitamines (vitamine A; B-6; B-12; C; D; D2; D3; K; Riboflavine; Niacine; Thiamine; K)

Calories 175

19. Saumon grillé

Ingrédients:

4 filets de saumon épais

2 grandes cuillères de jus de citron frais

¼ tasse de jus d'orange frais

¼ tasse de sauce de crème faible en gras

½ tasse d'oignons hachés

1 petite cuillère de persil sec

1 petite cuillère d'ail moulu

Du spray de cuisine

Préparation:

Dans un grand bol, mélangez le jus de citron, le jus d'orange, la sauce de crème faible en gras, les oignons, le persil et l'ail. Mixez bien pour faire une marinade. Ajoutez-y les filets de saumon. Couvrez le bol avec un couvercle bien hermétique et laissez reposer au réfrigérateur environ 1 heure.

Préparez une poêle à griller et aspergez-la avec le spray de cuisine. Faites chauffer à haute température et placez-y les filets de saumon. Faites frire environ 5 minutes de chaque côté. Vous pouvez les asperger avec la marinade pendant la cuisson. Servez immédiatement.

Valeurs nutritives pour 100g:

Glucides 17.2g

Sucre 3.5g

Protéines 21.5 g

Total Lipides 5g

Sodium 528.1 mg

Potassium 84.1mg

Calcium 30mg

Fer 9mg

Vitamines (vitamine A; B-6; B-12; C; D; D2; D3; K; Riboflavine; Niacine; Thiamine; K)

Calories 171

20. Mix d'haricots et de champignons

Ingrédients:

2 tasses de champignons de Paris tranchés

1 tasse d'haricots verts en boîte cuisinés

½ tasse d'oignons hachés

1 grande cuillère de céleri frais haché

¼ tasse de vinaigre de pomme

4 grandes cuillères de sel de mer

5 grandes cuillères d'huile d'olive extra-vierge

1/3 tasse d'amandes grillées

1/3 tasse de figues sèches tranchées

Préparation:

Dans un bol de taille moyenne, mélangez les oignons avec le vinaigre de pomme et laissez reposer environ 10 à 15 minutes. Ajoutez le sel et 2 grandes cuillères d'huile d'olive.

Pendant ce temps, faites chauffer l'huile d'olive dans une grande casserole et ajoutez-y les champignons. Faites cuire pendant quelques minutes, en remuant constamment. Enlevez du feu quand les champignons ont perdu leur eau. Ajoutez les haricots, le céleri, les figues et les amandes dans la casserole. Mélangez bien avec les champignons. Faites frire encore plusieurs minutes puis enlevez du feu.

Versez la marinade d'oignon dessus et servez.

Valeurs nutritives pour 100g:

Glucides 22.7g

Sucre 7.1g

Protéines 19g

Total Lipides7.4g

Sodium 570 mg

Potassium 71.2mg

Calcium 35.3mg

Fer 8mg

Vitamines (vitamine A; B-6; B-12; C; D; D2; D3; K; Riboflavine; Niacine; Thiamine; K)

Calories 167

21. Lentilles Rôties

Ingrédients:

½ tasse de lentilles crues

1 grande cuillère de sel

2 grandes cuillères d'huile d'olive

1 petite cuillère de poivre

1 petite cuillère de piment rouge en poudre

1 petite cuillère de cannelle en poudre

Préparation:

Vous devez d'abord faire cuire les lentilles. Versez environ 2 tasses d'eau dans une casserole et amener à ébullition. Ajoutez-y les lentilles et faites bouillir environ 15 à 20 minutes, jusqu'à ce qu'elles soient tendres à l'intérieur tout en gardant leur forme. Enlevez du feu et rincez bien avec de l'eau froide. Égouttez les lentilles et mettez-les de côté.

Préchauffez le four à 300 degrés. Dans un grand bol, couvrez les lentilles avec le sel, l'huile d'olive, le poivre, la poudre de piment rouge et la cannelle. Versez les lentilles dans un plat moyen allant au four et mettez au four pendant environ 20 minutes.

Préparées ainsi, les lentilles peuvent être conservées dans une boîte avec un couvercle étanche environ 15 jours.

Valeurs nutritives pour 100g:

Glucides 19g

Sucre 7.5g

Protéines 17 g

Total Lipides4.3g

Sodium 188mg

Potassium 72 mg

Calcium 27mg

Fer 5.9mg

Vitamines (vitamine A; B-6; B-12; C; D; D2; D3; K; Riboflavine; Niacine; Thiamine; K)

Calories 123

22. Graines de Chia avec du Curry & du citron vert frais

Ingrédients:

3 petites cuillères d'huile végétale

2 grandes cuillères de gingembre fraîchement râpé

2 gousses d'ail émincées

3 carottes découpées

1 grande patate découpée

1 petit oignon haché

1 tasse de graines de Chia sèches

4 tasses de bouillon de poulet

1 petite cuillère de curry en poudre

¾ petite cuillère de sel

¼ petite cuillère de poivre

Des quartiers de citron vert (lime) pour servir

Préparation:

Chauffez l'huile dans une grande casserole sur feu moyen. Ajoutez-y le gingembre, l'ail, les carottes découpées, les patates et les oignons. Faites sauter jusqu'à ce que les légumes deviennent tendres. Ajoutez-y les graines de Chia, le bouillon et l'assaisonnement, en remuant bien sur feu moyen jusqu'à ébullition. Couvrez, remettez le feu sur moyen-bas et laissez mijoter pendant 15 à 20 minutes, en remuant de temps en temps, jusqu'à ce que les graines soient tendres et que le liquide soit presque entièrement absorbé. Servez avec les quartiers de citron vert frais.

Valeurs nutritives pour 100g:

Glucides 27g

Sucre 11g

Protéines 26.7 g

Total Lipides 8g

Sodium 598 mg

Potassium 92.1mg

Calcium 41mg

Fer 11mg

Vitamines (vitamine A; B-6; B-12; C; D; D2; D3; K; Riboflavine; Niacine; Thiamine; K)

Calories 182

23. Légumes Frais a la Facon Mexicaine

Ingrédients:

1 ½ tasse de légumineuses fraîches, hachées

1 ½ cuillère à soupe de poudre de piment rouge ou une cuillère à soupe de poivre de Cayenne

1 ½ cuillère à soupe de flocons d'oignon ou 1 cuillère à soupe de poudre d'oignon

¾ c d'origan

¾ cuillère à café de poudre d'ail

¾ cuillère à café de cumin moulu

¾ c de sel

3 tasses d'eau pour commencer (ajouter plus durant tout le processus de cuisson)

Préparation:

Il est préférable de faire tremper les légumineuses la veille. Lavez-les dans une passoire, puis les mettre dans une casserole et les couvrir avec beaucoup d'eau et laisser tremper pendant 24 heures. Puis égouttez les légumineuses. Dans une grande poêle, répartir les légumineuses et ajouter trois tasses d'eau. Ajouter les épices de la recette et faire cuire à feu moyen jusqu'à ce que les légumineuses soient assez tendres et qu'on puisse les écraser. Vous aurez besoin d'ajouter plus d'eau au cours du processus de cuisson, car vos légumes vont continuer à l'absorber. Ajouter de l'eau une demi-tasse à la fois, juste assez pour garder le mélange humide avec un peu de liquide visible. Le processus de cuisson entière prendra environ 45 minutes. Les légumineuses doivent être tendres. Écraser après la cuisson si vous le préférez.

Valeurs nutritionnelles par 100g:

17.1g Glucides

3.5g sucre

20,5g Protéines

5g total de graisse

568mg de sodium

81.2mg de Potassium

30mg de Calcium

5.1mg Fer

Vitamines (vitamine A; B-6; B-12, C, D; D2; D3; K; riboflavine; niacine; thiamine; K)

48 Repas pour Déjeuners de Culturistes Riches en Protéines

Calories 177

24. Crevettes au citron

Ingrédients:

1 livre de grandes crevettes épluchées

2 grandes cuillères de jus de citron

2 citrons frais coupés en tranches fines

5 grandes cuillères d'huile d'olive

½ petite cuillère de sel de mer

½ petite cuillère de piment rouge moulu

½ petite cuillère de poivre noir moulu

1 grande cuillère d'ail émincé

10 feuilles de laurier

Préparation:

Lavez et égouttez vos crevettes. Dans un grand bol mélangez le jus de citron, 3 grandes cuillères d'huile d'olive, le sel de mer, le piment rouge et le poivre noir, les feuilles de laurier, et l'ail pour faire une marinade. Trempez les crevettes dedans. Couvrez le bol et mettez-le au réfrigérateur pour environ 10 minutes.

Chauffez 2 grandes cuillères d'huile d'olive dans une poêle sur feu fort. Faites-y frire les crevettes, en remuant constamment. Si nécessaire ajoutez de la marinade pendant la cuisson.

Décorez avec les tranches de citron et servez.

Valeurs nutritives pour 100g:

Glucides 11g

Sucre 6.5g

Protéines 17.1 g

Total Lipides 6g

Sodium 232.1 mg

Potassium 53.1mg

Calcium 32mg

Fer 4mg

Vitamines (vitamine A; B-6; B-12; C; D; D2; D3; K; Riboflavine; Niacine; Thiamine; K)

Calories 124

25. Casserole Nacho

Ingrédients:

1 livre de viande de bœuf hachée

1 petit oignon épluché et haché

1 tasse de haricots rouges épicés

½ tasse de maïs en boîte cuits

½ tasse de sauce tomate sans sucre

2 grandes cuillères d'assaisonnement Taco

1 tasse de fromage blanc

1 tasse d'oignons verts hachés

Préparation:

Faites cuire la viande de bœuf hachée sur un feu moyen-fort, en remuant de temps en temps. Ceci devrait prendre environ 30 minutes. Enlevez du feu et égouttez bien. Coupez en morceaux de la taille d'une bouchée et mélangez avec les haricots rouges, le maïs, la sauce tomate et l'assaisonnement. Mélangez bien et laissez mijoter sur feu moyen environ 10 minutes.

Préchauffez le four à 350 degrés. Versez la moitié de ce mélange dans une casserole allant au four. Recouvrez avec les oignons verts et rajoutez le reste du mélange de bœuf. Mettez au four pendant environ 25 minutes.

Valeurs nutritives pour 100g:

Glucides 27g

Sucre 6.5g

Protéines 29.5 g

Total Lipides 11g

Sodium 611 mg

Potassium 72mg

Calcium 27mg

Fer 6.7mg

Vitamines (vitamine A; B-6; B-12; C; D; D2; D3; K; Riboflavine; Niacine; Thiamine; K)

Calories 198

26. Poisson Bar Rayé

Ingrédients:

4 grands poissons Bars Rayés

1 grande cuillère d'huile d'olive

½ petite cuillère de sel de mer

¼ petite cuillère de poivre noir

1 tasse de fromage blanc

Préparation:

Mélangez l'huile, le sel et le poivre. Utilisez une brosse de cuisine pour étaler cette mixture sur le poisson. Faites griller le poisson à température moyenne-haute pendant 5 minutes de chaque côté. Servez avec le fromage blanc.

Valeurs nutritives pour 100g:

Glucides 9.8g

Sucre 2.5g

Protéines 24 g

Total Lipides 3g

Sodium 112 mg

Potassium 24mg

Calcium 12mg

Fer 2.3mg

Vitamines (vitamine A; B-6; B-12; C; D; D2; D3; K; Riboflavine; Niacine; Thiamine; K)

Calories 143

27. Mix de Poulet

Ingrédients:

2 grands filets de poulet désossés

1 tomate moyenne, épluchée et découpée

1 carotte, épluchée et râpée

1 oignon, épluché et haché

3 grandes cuillères d'huile d'olive

3 grandes cuillères de crème fraiche

¼ petite cuillère de sel

Préparation:

Lavez la viande et tamponnez-la avec du papier de cuisine pour la sécher. Découpez en morceaux de la taille d'une bouchée. Faites chauffer l'huile dans une casserole sur feu moyen-haut. Ajoutez-y la viande et faites frire environ 15 minutes, en remuant de temps en temps.

Pendant ce temps, épluchez et découpez les légumes en petits morceaux. Ajoutez-les dans la casserole et mélangez bien avec la viande. Faites frire sur basse température pendant encore 10 minutes, ou jusqu'à ce que tout le liquide soit évaporé. Enlevez de la casserole. Ajoutez la crème fraiche et le sel. Servez chaud.

Valeurs nutritives pour 100g:

Glucides 24g

Sucre 11.5g

Protéines 29.5 g

Total Lipides10g

Sodium 462.1 mg

Potassium 63.1mg

Calcium 11mg

Fer 5.6mg

Vitamines (vitamine A; B-6; B-12; C; D; D2; D3; K; Riboflavine; Niacine; Thiamine; K)

Calories 165

28. Steak & Salade

Ingrédients:

1 steak mince

5 feuilles de laitue

1 petite cuillère de radicchio découpés

2-3 feuilles de roquette

4 grandes cuillères d'huile d'olive

3 tranches de citron

1 tomate

¼ tasse de noix broyées

½ tasse de fromage blanc

¼ petite cuillère de sel

Préparation:

Lavez le steak et tamponnez-le avec du papier de cuisine pour le sécher. Faites chauffer l'huile d'olive dans une poêle à température moyenne et faites frire la viande environ 10 minutes de chaque côté, ou jusqu'à ce que le steak soit tendre. Enlevez de la poêle et enlevez l'excès d'huile avec un papier de cuisine. Découpez en cubes et mettez de côté.

Lavez les légumes et découpez-les dans un grand bol. Ajoutez la viande, les noix broyées et le fromage blanc. Assaisonnez avec le sel et décorez avec les tranches de citron avant de servir.

Valeurs nutritives pour 100g:

Glucides 29g

Sucre 14.2g

Protéines 31 g

Total Lipides 13g

Sodium 602 mg

Potassium 97mg

Calcium 33mg

Fer 11mg

Vitamines (vitamine A; B-6; B-12; C; D; D2; D3; K; Riboflavine; Niacine; Thiamine; K)

Calories 202

29. Fruits de mer – à la Méditerranéenne

Ingrédients:

1 petit paquet de mélange de fruits de mer surgelés

1 grande cuillère d'huile d'olive

1 petit oignon

1 tasse de tomates-cerises

1 petite cuillère de romarin haché

¼ petite cuillère de sel

1 grande cuillère de jus de citron fraîchement pressé

Préparation :

Faites chauffer l'huile d'olive dans une casserole. Faites-y frire les fruits de mer surgelés environ 15 minutes, sur un feu à température moyenne (goûtez le poulpe, il prend le plus de temps à s'attendrir). Vous pouvez ajouter de l'eau si nécessaire – à peu près ¼ de tasse devrait suffire. Remuez de temps en temps. Enlevez de la casserole et laissez reposer environ 1 heure.

Pendant ce temps, découpez les légumes en tout petits morceaux. Dans un grand bol, mélangez les légumes avec les fruits de mer et assaisonnez avec le sel, le romarin et le jus de citron. Servez froid.

Valeurs nutritives pour 100g:

Glucides 18.3g

Sucre 5.5g

Protéines 20.5 g

Total Lipides3.4g

Sodium 390.2 mg

Potassium 53mg

Calcium 22mg

Fer 7mg

Vitamines (vitamine A; B-6; B-12; C; D; D2; D3; K; Riboflavine; Niacine; Thiamine; K)

Calories 114

30. Dorade de mer grillée

Ingrédients:

1 Dorade de mer fraiche, écaillée et éviscérée

1 bouquet de persil frais, finement haché

¼ tasse de jus de citron fraichement pressé

4 grandes cuillères d'huile d'olive

¼ petite cuillère de sel de mer

Préparation:

Lavez le poisson, et en utilisant vos mains, trempez le poisson dans le jus de citron et dans l'huile d'olive. Faites-le griller sur un feu moyen pendant 15 à 20 minutes, jusqu'à ce qu'il soit d'une jolie couleur brune dorée. Enlevez du feu et parsemez avec le persil frais. Servez immédiatement.

Valeurs nutritives pour 100g:

Glucides 10.g

Sucre 2.5g

Protéines 23.5 g

Total Lipides 11g

Sodium 534.2 mg

Potassium 81.2mg

Calcium 32mg

Fer 7mg

Vitamines (vitamine A; B-6; B-12; C; D; D2; D3; K; Riboflavine; Niacine; Thiamine; K)

Calories 170

31. Steak de thon frit

Ingrédients:

4 pièces de steak de thon (environ 1 once chacune)

¼ tasse de jus de citron

1 petite cuillère de sel de mer

½ petite cuillère de piment rouge

2 grandes cuillères de persil haché

2 grandes cuillères de romarin haché

6 grandes cuillères d'huile d'olive

6 gousses d'ail hachées

Préparation:

Dans un grand bol, mélangez le jus de citron, les 2 grandes cuillères d'huile d'olive, le sel de mer, le piment rouge, le persil haché et le romarin haché. Mélangez tous les ingrédients pour faire une marinade onctueuse. Mettez les steaks de thon dans cette marinade et couvrez-les avec un couvercle hermétique. Laissez reposer au réfrigérateur environ 1 heure.

Préchauffez 4 grandes cuillères d'huile d'olive sur un feu fort. Faites frire les steaks de thon pendant 5 à 6 minutes de chaque côté. Enlevez du feu et servez.

Valeurs nutritives pour 100g:

Glucides 16.1g

Sucre 8.5g

Protéines 24.1 g

Total Lipides5.3g

Sodium 511.1 mg

Potassium 82.1mg

Calcium 23mg

Fer 4mg

Vitamines (vitamine A; B-6; B-12; C; D; D2; D3; K; Riboflavine; Niacine; Thiamine; K)

Calories 151

32. Calmars au citron

Ingrédients:

8 grandes tentacules de calmars

¼ tasse de jus de citron

3 gousses d'ail hachées

1 grande cuillère de romarin haché

5 grandes cuillères d'huile d'olive

1 petite cuillère de sel de mer

¼ petite cuillère de poivre

1 grande cuillère de zeste de citron frais

Quelques feuilles de persil frais

Préparation:

Mélangez le jus de citron, l'ail, le romarin haché, le sel de mer, le poivre et le zeste de citron dans un bol. Remplissez les tentacules de calmars avec ce mélange. Laissez reposer environ 1 heure. Dans une poêle, préchauffez l'huile d'olive à forte température. Mettez les tentacules de calmars dans la poêle et faites frire pendant

5 minutes de chaque côté. Décorez avec quelques feuilles de persil frais avant de servir.

Valeurs nutritives pour 100g:

Glucides 18g

Sucre 7.5g

Protéines 20 g

Total Lipides 6g

Sodium 462.1 mg

Potassium 53.2mg

Calcium 30mg

Fer 9.6mg

Vitamines (vitamine A; B-6; B-12; C; D; D2; D3; K; Riboflavine; Niacine; Thiamine; K)

Calories 127

33. Bœuf grillé aux amandes

Ingrédients:

3 grands steaks de viande de bœuf

1 gros oignon coupé en tranches

4 tasses de jeunes épinards hachés

1 petite cuillère d'ail haché

½ petite cuillère de gingembre émincé

¼ tasse de jus de citron

¼ tasse d'amandes

1 grande cuillère de jus de citron vert (lime)

2 grandes cuillères d'eau

1 grande cuillère de sauce organique de poisson sans sucre

4 grandes cuillères d'huile végétale

Préparation

Lavez les steaks de bœuf et tamponnez-les avec du papier de cuisine pour les sécher. Découpez-les en morceaux de la taille d'une bouchée. Mettez-les de côté.

Épluchez l'oignon et découpez-le en tranches fines. Faites chauffer l'huile végétale sur feu moyen et faites frire les oignons jusqu'à ce qu'ils aient une couleur brune dorée. Ajoutez-y les jeunes épinards et l'ail. Mélangez bien et faites frire environ 5 minutes, jusqu'à ce que l'eau des épinards soit évaporée. Mélangez bien et enlevez du feu.

Dans un grand bol, mélangez les jeunes épinards avec le gingembre, le jus de citron, l'eau, les amandes et la sauce de poisson. Mélangez bien avec une fourchette. Trempez-y les steaks et mettez-les dans la poêle. Ajoutez de l'eau si nécessaire. Faites cuire à basse température environ 30 minutes en remuant de temps en temps.

Quand l'eau est évaporée, enlevez du feu et ajoutez le jus de citron. Laissez refroidir environ 20 à 30 minutes et servez.

Valeurs nutritives pour 100g:

Glucides 29.1g

Sucre 16.1g

Protéines 33 g

Total Lipides 12g

Sodium 521.4 mg

Potassium 84.1mg

Calcium 21mg

Fer 8mg

Vitamines (vitamine A; B-6; B-12; C; D; D2; D3; K; Riboflavine; Niacine; Thiamine; K)

Calories 243

34. Poulet vert

Ingrédients:

3 morceaux de poitrine de poulet (environ 1 livre)

2 tasses d'épinards hachés

1 tasse de Yaourt faible en gras

3 poivrons verts

3 piments

2 petits oignons hachés

1 grande cuillère de gingembre moulu

1 petite cuillère de piment rouge en poudre

4 grandes cuillères d'huile

Sel à votre goût

Préparation:

Lavez les morceaux de poulet et tamponnez-les avec du papier de cuisine pour les sécher. Découpez-les en morceaux de la taille de bouchées. Coupez l'oignon et les poivrons finement et mettez-les de côté.

Chauffez l'huile dans une grande casserole. Ajoutez-y les oignons et les poivrons et faites sauter pendant quelques minutes. Puis ajoutez les morceaux de poitrine de poulet, le gingembre moulu, le piment rouge en poudre et le sel. Faites frire en remuant pendant 10 minutes, ou jusqu'à ce que le poulet devienne légèrement brun.

Pendant ce temps, mélangez le Yaourt faible en gras et les épinards dans un robot de cuisine. Mixez bien pendant 30 secondes. Ajoutez ce mélange dans la casserole et faites frire jusqu'à ce que les épinards deviennent de la purée. Couvrez la casserole, enlevez du feu et laissez reposer 10 minutes avant de servir.

Valeurs nutritives pour 100g:

Glucides 21g

Sucre 7.2g

Protéines 25.1 g

Total Lipides 7g

Sodium 668.2 mg

Potassium 73.7mg

Calcium 22mg

Fer 8mg

Vitamines (vitamine A; B-6; B-12; C; D; D2; D3; K; Riboflavine; Niacine; Thiamine; K)

Calories 173

35. Cubes de noix de coco

Ingrédients:

3 grands morceaux de poitrine de poulet désossés et sans peau

1 tasse de flocons de noix de coco, non sucrés

½ tasse de farine de riz

1 gros œuf

2 blancs d'œufs

1 tasse de lait d'amandes

¼ petite cuillère de piment rouge moulu en poudre

3 grandes cuillères d'huile de noix de coco

Préparation:

Lavez la poitrine de poulet et tamponnez-la avec du papier cuisine pour la sécher. Découpez-la en tranches de 1 pouce d'épaisseur. Saupoudrez de piment et mettez-la dans un grand bol. Ajoutez la farine de riz, le lait d'amandes, l'œuf et les blancs d'œufs et mélangez bien. Trempez le poulet dans ce mélange. Ajoutez-y les noix de coco et enlevez l'excès de liquide.

Faites chauffer l'huile de noix de coco à température moyenne. Faites-y frire les tranches de poulet environ 10 minutes. Enlevez de la casserole et servez.

Valeurs nutritives pour 100g:

Glucides 26g

Sucre 9.5g

Protéines 31.5 g

Total Lipides 11g

Sodium 598.1 mg

Potassium 93.2mg

Calcium 21mg

Fer 7.8mg

Vitamines (vitamine A; B-6; B-12; C; D; D2; D3; K; Riboflavine; Niacine; Thiamine; K)

Calories 197

36. Hauts de cuisses de dinde à l'ail

Ingrédients:

10 hauts de cuisses de dinde moyens

1 tasse de bouillon de dinde

2 oignons moyens hachés

2 gousses d'ail moulues

3 petits piments hachés

¼ petite cuillère de sel de mer

¼ petite cuillère de poivre noir moulu

1 petite cuillère d'origan sec

¾ tasse de farine de riz

1 tasse de riz brun

3 grandes cuillères d'huile d'olive

Préparation:

Lavez et égouttez les hauts de cuisses de dinde. Mettez-les de côté.

Mélangez le sel, le poivre et l'origan dans un petit bol. Aspergez-en sur la dinde. Trempez les hauts de cuisses de dinde dans la farine de riz. Faites chauffer l'huile d'olive sur feu moyen dans une poêle et faites frire la dinde environ 5 minutes de chaque côté. Enlevez de la poêle. Mettez les oignons et l'ail dans cette même poêle et faites frire environ 5 minutes en remuant constamment. Ajoutez le bouillon de dinde et amener à ébullition. Ajoutez le riz brun et le piment et faites cuire pendant 10 à 15 minutes. Enlevez du feu. Ajoutez les hauts de cuisses de dinde, couvrir et laisser reposer environ 30 minutes avant de servir.

Valeurs nutritives pour 100g:

Glucides 19.1g

Sucre 5.5g

Protéines 23.5 g

Total Lipides5g

Sodium 538.7 mg

Potassium 85.2mg

Calcium 32mg

Fer 9.9mg

Vitamines (vitamine A; B-6; B-12; C; D; D2; D3; K; Riboflavine; Niacine; Thiamine; K)

Calories 147

37. Poulet à la sauce aux champignons

Ingrédients:

1 livre de viande de poulet sans peau

2 grande cuillère de farine tout usage

1 tasse de champignons de Paris

1 tasse d'haricots verts cuisinés

¼ tasse de bouillon de poulet

½ petite cuillère de sel de mer

¼ petite cuillère de poivre noir

4 grandes cuillères d'huile d'olive

Préparation:

Lavez la viande de poulet et tamponnez-la avec du papier à cuisine pour la sécher. Dans un grand bol, mélangez la farine tout usage avec le sel et le poivre. Recouvrez la viande de poulet avec la farine et mettez-la de côté. Faites chauffer l'huile d'olive sur feu de moyenne température et faites frire la viande de poulet pendant 5 minutes de chaque côté. Enlevez-la de la casserole et réservez dans une assiette. Dans la même casserole, ajoutez le bouillon de poulet, les haricots verts et les champignons de Paris. Amener à ébullition et faites cuire pendant 2 à 3 minutes. Mettez-y la viande de poulet et cuisinez-la pendant 20 minutes de plus, en remuant de temps en temps, jusqu'à ce que l'eau soit évaporée. Servez chaud.

Valeurs nutritives pour 100g:

Glucides 15 g

Sucre 2.5g

Protéines 27.5 g

Total Lipides11g

Sodium 531.1 mg

Potassium 82.1mg

Calcium 11mg

Fer 5mg

Vitamines (vitamine A; B-6; B-12; C; D; D2; D3; K; Riboflavine; Niacine; Thiamine; K)

Calories 136

38. Haricots noirs avec des œufs

Ingrédients:

1 tasse de haricots noirs cuisinés en boîte

4 œufs

½ tasse de fromage blanc

½ tasse de sauce de tomate sans sucre

½ tasse d'avocat haché

1 petite cuillère de jus de citron frais

3 grandes cuillères d'huile de noix de coco

½ petite cuillère d'origan

Préparation:

Préchauffez le four à 350 degrés. Mettez tous les ingrédients dans un grand bol et mélangez-les bien. Mettez le mélange dans un plat allant au four. Laissez cuire jusqu'à ce que ça devienne croustillant, environ 10 minutes. Enlevez du four, découpez en 4 parts égales et servez.

Valeurs nutritives pour 100g:

Glucides 22 g

Sucre 6.5g

Protéines 26.5 g

Total Lipides 11g

Sodium 468 mg

Potassium 82.1mg

Calcium 20mg

Fer 6.5mg

Vitamines (vitamine A; B-6; B-12; C; D; D2; D3; K; Riboflavine; Niacine; Thiamine; K)

Calories 181

39. Agneau rôti au poêlon

Ingrédients:

3 livres de côtelettes d'agneau découpées et désossées

1 tasse de lentilles

5 grandes cuillères d'huile d'olive

½ tasse de jus de citron

5 gousses d'ail émincées

1 petite cuillère de sel de mer

½ petite cuillère de poivre moulu

Préparation:

Lavez et découpez les côtelettes en morceaux cubiques de la taille d'une bouchée. Mettez de côté.

Préchauffez le four à 350 degrés. Graissez le plat allant au four avec 1 grande cuillère d'huile d'olive et mettez-y la viande.

Dans un grand bol, mélangez le reste de l'huile d'olive avec le jus de citron, l'ail, le sel et le poivre. Utilisez une cuillère pour arranger les lentilles tout le long du bord du plat. Versez le mélange de jus de citron sur la viande et les lentilles.

Mettez au four pendant environ 50 minutes et servez chaud.

Valeurs nutritives pour 100g:

Glucides 16g

Sucre 7.5g

Protéines 26.5 g

Total Lipides 10g

Sodium 531.2 mg

Potassium 63.1mg

Calcium 31mg

Fer 6mg

Vitamines (vitamine A; B-6; B-12; C; D; D2; D3; K; Riboflavine; Niacine; Thiamine; K)

Calories 201

40. Tranches de saumon croustillantes

Ingrédients:

6 tranches de saumon épaisses

1 tasse de lait d'amandes

3 gros œufs

1 petite cuillère d'ail en poudre

½ petite cuillère de piment vert moulu

½ petite cuillère de sel de mer

1 tasse de Yaourt Grec

2 grandes cuillères d'huile de canola

Préparation:

Mélangez le lait d'amandes, les œufs, l'ail en poudre, le piment rouge, le sel et le Yaourt Grec dans un bol. Mettez-y les tranches de saumon, couvrez et laisser mariner environ 1 heure.

Préchauffez le four à 350 degrés. Versez les tranches de saumon avec la marinade dans un petit plat allant au four. Mettez au four pendant 35 minutes. Sortez du four, découpez en 4 parts égales et servez chaud.

Valeurs nutritives pour 100g:

Glucides 19.2g

Sucre 7.5g

Protéines 29.5 g

Total Lipides11g

Sodium 531 mg

Potassium 63mg

Calcium 31.2mg

Fer 9.1mg

Vitamines (vitamine A; B-6; B-12; C; D; D2; D3; K; Riboflavine; Niacine; Thiamine; K)

Calories 177

41. Morceaux de poulet

Ingrédients:

1 livre de poitrine de poulet désossée

1 gros concombre épluché et tranché

1 oignon moyen épluché et découpé

1 petite cuillère de sel

2 grandes cuillères d'huile d'olive

2 grandes cuillères de jus de citron frais

1 petite cuillère de piment moulu

1 tasse de Yaourt Grec

Préparation:

Lavez et découpez la viande de poulet. Tamponnez-la avec du papier à cuisine pour la sécher. Chauffez l'huile d'olive sur un feu fort dans une poêle. Ajoutez-y les oignons découpés et faites frire environ 10 minutes en remuant constamment, ou jusqu'à ce qu'ils deviennent bruns dorés. Maintenant vous pouvez y ajouter les morceaux de poulet et le concombre. Mélangez bien et faire frire sur feu moyen pendant 15 minutes. Pendant ce temps, dans un bol, mélangez le Yaourt Grec avec le piment, le jus de citron et le sel. Versez le mélange dans la poêle et mélangez bien avec le poulet. Couvrez et laissez reposer environ 10 minutes. Enlevez du feu et servez.

Glucides 16g

Sucre 3.5g

Protéines 20.5 g

Total Lipides 5.7g

Sodium 518.1 mg

Potassium 83.1mg

Calcium 31.4mg

Fer 7mg

Vitamines (vitamine A; B-6; B-12; C; D; D2; D3; K; Riboflavine; Niacine; Thiamine; K)

Calories 160

42. Mix d'haricots rouges

Ingrédients:

1 tasse d'haricots rouges cuits en boîte

½ tasse d'haricots verts

½ tasse de champignons de Paris

1 tasse de fromage blanc

1 tasse de Yaourt Grec

2 blancs d'œufs

2 grandes cuillères d'huile de noix de coco

1 petite cuillère de sel de mer

Préparation:

Mettez les ingrédients dans un robot de cuisine. Mixer pendant 30 secondes. Préchauffez le four à 300 degrés. Graissez un petit plat allant au four avec 2 grandes cuillères d'huile d'olive. Mettez le mélange d'haricots rouges dans le plat et mettez dans le four environ 10 à 15 minutes. Vous devez avoir une belle couleur brune. Sortez du four, laissez reposer environ 10 minutes, découpez en 4 parts égales. Servez chaud.

Valeurs nutritives pour 100g:

Glucides 26g

Sucre 12.5g

Protéines 32.5 g

Total Lipides 7g

Sodium 612 mg

Potassium 84.1mg

Calcium 31mg

Fer 9mg

Vitamines (vitamine A; B-6; B-12; C; D; D2; D3; K; Riboflavine; Niacine; Thiamine; K)

Calories 179

43. Poulet à la mode Grecque

Ingrédients:

4 morceaux de demi-poitrine de poulet

1 tasse de fromage blanc

½ tasse de Yaourt Grec

1 tasse de concombre découpé

1 tasse de laitue découpée

1 tasse de tomates-cerises

½ tasse d'oignon haché

5 gousses d'ail

2 grandes cuillères de jus de citron frais

1 grande cuillère de d'origan sec

½ petite cuillère de piment rouge

½ petite cuillère de sel

2 grandes cuillères d'huile d'olive

6 pitas de blé complet coupées en quartiers

Préparation:

Lavez et coupez la viande en petits morceaux. Mettez-la de côté.

Mettez le fromage blanc, le Yaourt Grec, les légumes et les épices dans un robot de cuisine. Mixer bien pendant 30 secondes. Chauffez l'huile d'olive sur feu à moyenne température. Faites frire les morceaux de poulet environ 20 minutes en les retournant constamment. Ajoutez le mélange de légumes dans la casserole. Mélangez bien et faites cuire encore 10 minutes de plus. Enlevez du feu et divisez ce mélange en 6 parts égales. Servez avec les pitas.

Valeurs nutritives pour 100g:

Glucides 28.2g

Sucre 14.5g

Protéines 33.5 g

Total Lipides 12g

Sodium 626.5 mg

Potassium 121.2mg

Calcium 34mg

Fer 10mg

Vitamines (vitamine A; B-6; B-12; C; D; D2; D3; K; Riboflavine; Niacine; Thiamine; K)

Calories 197

44. Champignons au citron

Ingrédients:

4 filets de poulet épais

2 tasses de champignons de Paris en boîte

1 tasse d'haricots verts cuisinés en boîte

1- 1/3 tasse de bouillon de poulet

¼ tasse de lait écrémé

1 grande cuillère d'huile d'olive

¾ petite cuillère de sel de mer

½ petite cuillère de poivre noir moulu

1 petite cuillère de romarin frais moulu

4 petites cuillères de farine tout usage

2 petites cuillères de persil frais coupé

Préparation:

Lavez les filets de poulet et tamponnez-les avec du papier de cuisine pour les sécher. Préchauffez le four à 300 degrés. Mettez les haricots verts dans une casserole, couvrez avec de l'eau et amener à ébullition. Cuisinez pendant environ 10 minutes ou jusqu'à ce qu'ils soient tendres. Enlevez du feu et égouttez.

Mélangez le sel, le poivre, l'huile, le lait écrémé et le romarin. Utilisez une brosse de cuisine pour étaler ce mélange sur le poulet. Mettez les filets de poulet au fond d'un plat allant au four. Faites une autre couche avec les haricots verts et les champignons de Paris. Mélangez le bouillon de poulet avec la farine et versez sur le poulet. Mettez au four pendant environ 35 minutes, jusqu'à ce que ça devienne brun. Sortez du plat et parsemez avec le persil frais. Servez chaud.

Valeurs nutritives pour 100g:

Glucides 29g

Sucre 12.1g

Protéines 30.1 g

Total Lipides 11.9g

Sodium 522.1 mg

Potassium 104.9mg

Calcium 32mg

Fer 8.6mg

Vitamines (vitamine A; B-6; B-12; C; D; D2; D3; K; Riboflavine; Niacine; Thiamine; K)

Calories 157

45. Haricots noirs Tostadas

Ingrédients:

1 tasse d'haricots noirs cuisinés en boîte

1 tasse de chou rouge finement découpé

2 morceaux de poitrine de poulet coupés en grands morceaux

1 grande cuillère de sauce chili sans sucre

1 tasse de crème faible en gras

½ petite cuillère de sel

1 petite cuillère d'ail moulu

1 petite cuillère de persil sec

¼ petite cuillère de poivre noir moulu

2 grandes cuillères de jus de citron frais

1 grande cuillère de sucre brun

1 grande cuillère d'origan sec

3 grandes cuillères d'huile d'olive

4 tortillas au blé complet

Préparation:

Chauffez l'huile d'olive sur un feu moyen-fort. D'abord vous devez faire frire les tortillas, une à la fois. Elles doivent devenir brunes et croustillantes. Ceci devrait prendre 3 à 4 minutes pour chaque tortilla. Enlevez l'excès d'huile avec un papier de cuisine.

Mélangez les haricots et l'origan et mettez-les dans une casserole. Mélangez bien et faites frire pendant 2 à 3 minutes. Assaisonnez avec le sel et le poivre. Ajoutez l'ail, le persil, le jus de citron. Mélangez bien et ajoutez le poulet. Faites frire pendant environ 20 minutes, en remuant de temps en temps. Enlevez du feu.

Dans un bol, mélanger ensemble le chou, la crème faible en gras, la sauce chili et le sucre. Vous devez obtenir une mixture crémeuse et onctueuse.

Recouvrez chaque tortilla avec le mélange de poulet et la mixture crémeuse. Servez.

Valeurs nutritives pour 100g:

Glucides 32.7g

Sucre 14g

Protéines 34 g

Total Lipides12.7g

Sodium 645 mg

Potassium 141.2mg

Calcium 23mg

Fer 7mg

Vitamines (vitamine A; B-6; B-12; C; D; D2; D3; K; Riboflavine; Niacine; Thiamine; K)

Calories 204

46. Barbecue d'orange

Ingrédients:

4 grands morceaux de poitrine de poulet désossés

1 oignon moyen découpé

2 petits piments

½ tasse de bouillon de poulet

¼ tasse de jus d'orange frais

1 petite cuillère d'extrait d'orange

2 grandes cuillères d'huile d'olive

1 petite cuillère d'assaisonnement de barbecue

1 tasse de laitue découpée

1 petit oignon découpé

Préparation:

Faites chauffer l'huile d'olive dans une grande casserole. Ajoutez-y les oignons découpés et faites frire plusieurs minutes sur feu moyen – jusqu'à ce que ce soit d'une couleur brune dorée.

Mélangez les piments, le jus d'orange et l'extrait d'orange. Mélangez bien dans un robot de cuisine pendant 20 à 30 secondes. Ajoutez cette mixture dans une casserole et mélangez bien. Réduisez la chaleur pour faire mijoter.

Enrobez le poulet avec l'assaisonnement de barbecue et mettez-le dans une casserole. Ajoutez le bouillon de poulet et amener à ébullition. Cuisinez sur température moyenne jusqu'à ce que l'eau soit évaporée. Sortez du feu.

Servez avec la laitue découpée et l'oignon rouge.

Valeurs nutritives pour 100g:

Glucides 26g

Sucre 11g

Protéines 28.3 g

Total Lipides9g

Sodium 421.1 mg

Potassium 128.1mg

Calcium 19mg

Fer 8.7mg

Vitamines (vitamine A; B-6; B-12; C; D; D2; D3; K; Riboflavine; Niacine; Thiamine; K)

Calories 186

47. Panini Buffalo

Ingrédients:

1 livre de poitrine de dinde découpée

½ tasse de Yaourt Grec

½ tasse de fromage bleu

½ tasse de fromage blanc

3 blancs d'œufs

1 petite cuillère de sauce curry sans sucre

1 petite cuillère de beurre d'amandes

1 petite cuillère de vinaigre de pommes

1 grande cuillère de persil sec

Du spray de cuisine

8 tranches de pain au blé complet

Préparation:

Dans un grand bol, mélangez le Yaourt Grec avec le fromage bleu, le fromage blanc et les blancs d'œufs. Écrasez bien avec une fourchette. Vous devez obtenir une mixture onctueuse. Ajoutez la sauce curry et le vinaigre. Mixez bien.

Aspergez une grande casserole avec du spray de cuisine. Faites chauffer sur un feu moyen. Ajoutez-y les morceaux de dinde et faites frire environ 10 minutes en remuant constamment. Puis ajoutez la mixture de fromage, le beurre d'amandes et le persil sec. Cuisinez environ 5 minutes, jusqu'à ce que le fromage ait fondu. Enlevez du feu.

Étalez ce mélange sur les tranches de pain et servez.

Valeurs nutritives pour 100g:

Glucides 29.2g

Sucre 16.1g

Protéines 32.2 g

Total Lipides 10g

Sodium 611.4 mg

Potassium 102mg

Calcium 22mg

Fer 5.7mg

Vitamines (vitamine A; B-6; B-12; C; D; D2; D3; K; Riboflavine; Niacine; Thiamine; K)

Calories 171

48. Macaroni et fromage riche en calories

Ingrédients:

1 livre de poitrine de poulet désossée

1 tasse de fromage blanc

1 tasse de champignons de Paris en boîte

1 tasse de macaroni au blé complet

1 petite cuillère de sel de mer

1 petite cuillère de beurre

1 petite cuillère d'huile végétale

Préparation:

Versez 3 tasses d'eau dans un pot. Amenez à ébullition et plongez-y les macaronis et le sel. Faites bouillir les macaronis pendant 7 minutes. Vous pouvez utiliser les instructions du paquet pour faire cuire les macaronis. Enlevez du feu et égouttez.

Lavez le poulet et tamponnez-le avec du papier de cuisine pour le sécher. Coupez-le en petits morceaux. Dans une grande casserole, faites fondre une petite cuillère de beurre et une petite cuillère d'huile végétale.

Faites chauffer et ajoutez les morceaux de poulet. Faites frire environ 15 minutes sur un feu à température moyenne. Ajoutez le fromage blanc et les champignons. Mélangez bien et laissez cuire pendant encore quelques minutes. Enlevez du feu et ajoutez-y les macaronis. Couvrez et laissez reposer quelques minutes. Servez chaud.

Valeurs nutritives pour 100g:

Glucides 28g

Sucre 10.5g

Protéines 30.1 g

Total Lipides 9.9g

Sodium 611.3 mg

Potassium 103 mg

Calcium 19mg

Fer 7.6mg

Vitamines (vitamine A; B-6; B-12; C; D; D2; D3; K; Riboflavine; Niacine; Thiamine; K)

Calories 177

Autres Grands Titres de cet Auteur

48 Repas pour Déjeuners de Culturistes Riches en Protéines

www.ingramcontent.com/pod-product-compliance
Lightning Source LLC
Chambersburg PA
CBHW071740080526
44588CB00013B/2097